Hallo, ich bin Anoki. Für jede Seite, die du fertig hast, malst du einen Wassertropfen aus.

2	3	4							
5	6	7							
8/9	10/11	12	13	14	15	16/17	18	19	20
21	22/23	24/25	26/27	28	29	30	31	32	33
34/35	36	37	38	39	40	41	42	43	44
45	46	47	48	49	50	51	52	53	54/55

Zwei Drittel der Erdoberfläche bestehen aus Wasser. Wasser fließt in Bächen und Flüssen, es fällt als Regen vom Himmel und schwebt in Wolken am Himmel. Wasser wird auch zu Reif, zu Eis oder zu Schnee.

Ohne Wasser gäbe es auf der Erde kein Leben. Wasser ist für uns Menschen, für Tiere und Pflanzen lebensnotwendig. Für die Menschen ist Wasser das wichtigste Lebensmittel. Unser Körper besteht über der Hälfte aus Wasser.

▶ Unterstreiche im Text:

rot:	Warum ist Wasser lebensnotwendig?
grün:	Wer benötigt Wasser?
blau:	Was ist Wasser für die Menschen?
braun:	Wo kommt Wasser vor?

Schreibe auf, wo Wasser überall vorkommt.

Wasser ist eine Flüssigkeit, die geschmack- und geruchlos ist. Es kommt in drei unterschiedlichen Formen oder Zuständen vor: **flüssig, fest** und **gasförmig.** Diese Zustände nennt man Aggregatzustände.
Bei niedrigen Temperaturen gefriert flüssiges Wasser zu festem Eis. Wenn flüssiges Wasser verdampft oder verdunstet, entsteht gasförmiger Wasserdampf.

▶ Was passiert mit Eiswürfeln, wenn sie in der Sonne stehen? Erkläre.

___

___

___

___

___

___

___

▶ In welchen Formen oder Zuständen kommt Wasser auf den Bildern vor? Verbinde.

flüssig	fest	gasförmig

▶ Lies den Lückentext über den Kreislauf des Wassers auf der Erde und ergänze:
Wasserkreislauf, Seen, Erde, Grundwasser, Wolken, Sonne, Bächen, regnen, Quellen.

Wasser geht auf der ____________________ nicht verloren. Wenn die ____________________

scheint, verdunstet das Wasser an der Oberfläche von Meeren, ____________________,

Flüssen und _______________.

Unsichtbarer Wasserdampf steigt in die Höhe und es bilden sich ____________________.

Diese werden immer schwerer und es beginnt zu ____________________.

Der Regen versickert in der Erde und wird zu ____________________.

An manchen Stellen kommt Wasser aber auch wieder aus der Erde, es bilden sich

____________________.

Aus ihnen werden Bäche und Flüsse. Jeder Fluss fließt ins Meer.

Nun beginnt der ____ von vorn.

▶ Beschrifte das Bild vom Wasserkreislauf:

Bach, Fluss, Verdunstung, Sonne, Wolken, Regen, Grundwasser, Meer.

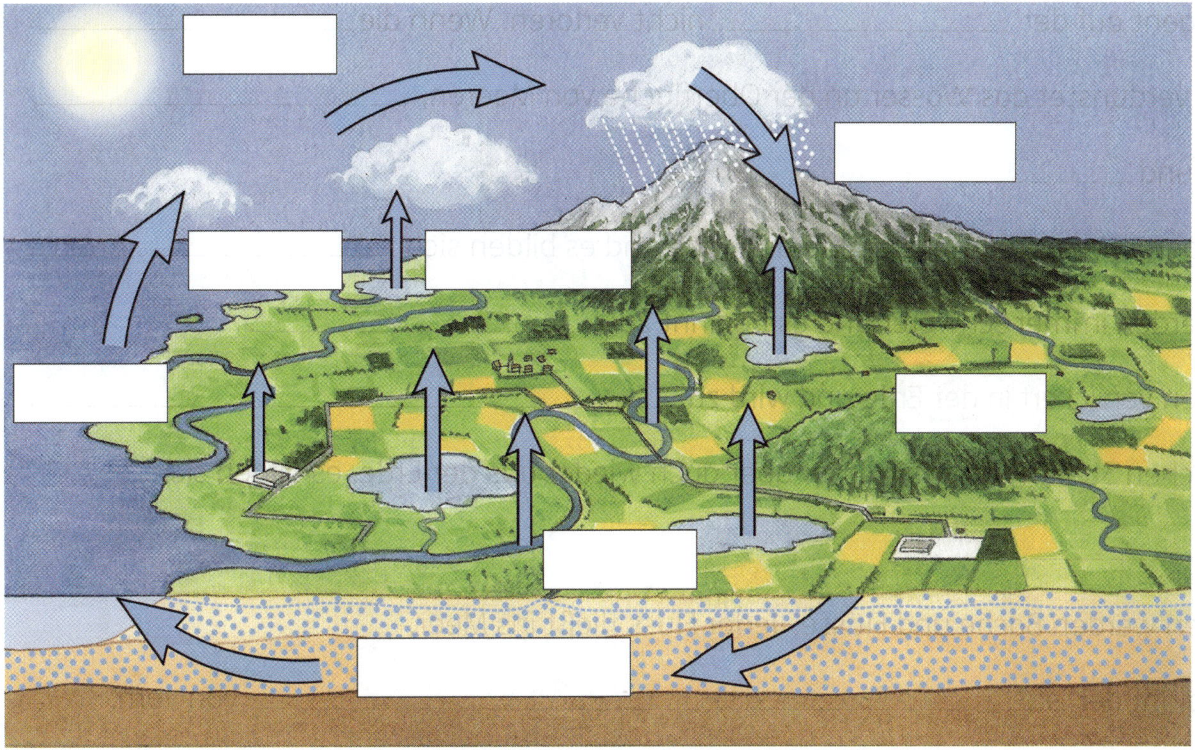

Ohne Wasser gibt es kein Leben.

▶ Wo wird überall Wasser gebraucht? Schreibe einen Sachtext auf der nächsten Seite.

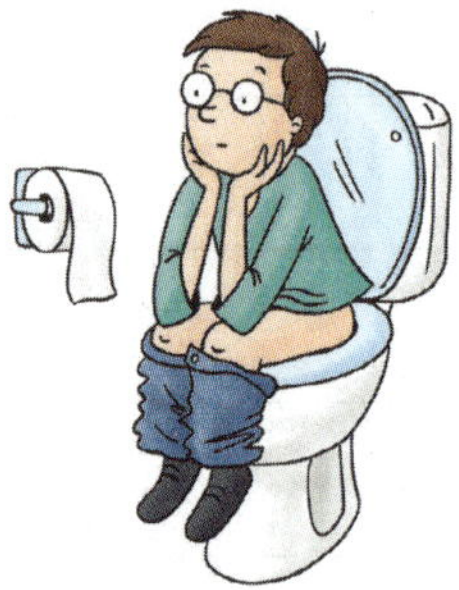

▶ Löse das Rätsel.

a) Wenn sich Wasser erwärmt, steigt unsichtbare Luft nach oben, die heißt ...
b) Ein kleiner Wasserlauf ist ein ...
c) Wassertropfen werden in der Wolke immer schwerer, sie fallen als ... herunter.
d) Das Grundwasser sucht sich im Boden einen Weg und kommt aus einer ... hervor.
e) Durch Erwärmung steigt Dampf nach oben. Den Vorgang nennt man ...
f) Das Gewässer wird immer größer und breiter auf dem Weg zum Meer. Es heißt ...
g) Das gesuchte Gewässer ist salzig.
h) Viele kleine Wassertröpfchen ballen sich zusammen zu einer ...
i) Regen dringt tief in die Erde ein. Es ...

Bach	Meer	Wasserdampf	Regen
Quelle	Verdunstung	Fluss	
Wolke	versickert		

a) ___ ___ ___ ___ ___ ___ ___ ___(13) ___ ___ ___

b) ___ ___(2) ___ ___

c) ___ ___ ___ ___ ___

d) ___ ___(14) ___ ___(12) ___ ___

e) ___ ___ ___(8) ___ ___ ___ ___(3) ___ ___ ___ ___

f) ___(15) ___ ___ ___(4) ___

g) ___ ___(9) ___ ___(6)

h) ___(1) ___ ___ ___(7) ___(5)

i) ___ ___ ___ ___(11) ___(10) ___ ___ ___ ___ ___

Lösungswort: ___(1) ___(2) ___(3) ___(4) ___(5) ___(6) ___(7) ___(8) ___(9) ___(10) ___(11) ___(12) ___(13) ___(14) ___(15)

Schon immer benötigen die Menschen Wasser zum Leben.
Früher mussten sie das Wasser mit Eimern oder Krügen an Bächen und Flüssen holen.
Später hatten sie Brunnen. Heute ist es für uns selbstverständlich, dass das Wasser aus dem Wasserhahn kommt.
Das Grundwasser wird mit Pumpen aus der Erde gepumpt und zum Wasserwerk befördert.
Dort wird es so aufbereitet, dass Menschen es trinken können. Vom Wasserwerk wird das Wasser in Wasserleitungen zu jedem Haus geleitet. Wenn wir den Wasserhahn aufdrehen, haben wir sauberes Trinkwasser.

▶ Lies und unterstreiche:

grün: Woher bekamen früher die Menschen ihr Wasser?
blau: Was passiert mit dem Grundwasser?
orange: Welche Aufgabe hat das Wasserwerk?
braun: Wie kommt das Wasser in jedes Haus?

▶ Schreibe eine Geschichte zum Thema.

Als bei uns plötzlich das Wasser weg war

▶ Wasser ist sehr wertvoll. Schau dir die Bilder genau an. Wie kannst du Wasser sparen?

▶ Wie kommt Anoki zum Wassereimer?

Wenn wir Wasser verunreinigt haben, muss es in der Kläranlage wieder gereinigt werden. Das Schmutzwasser fließt durch unterirdische Rohre zur Kläranlage.
In der Kläranlage werden zuerst die groben Abfälle wie Holz, Plastik und Laub durch einen Rechen entfernt. Dann fließt das Wasser zu einem Sandfang. Dort fallen kleine Steine und Sand ab. Im Vorklärbecken werden Öle und Fette aus dem Wasser abgeschieden.
Nun kommt das Wasser in das Belebungsbecken. Viele Bakterien fressen hier die Schmutzstoffe auf, die noch im Wasser sind. Da diese Bakterien Sauerstoff brauchen, wird Luft in das Becken geblasen. Im Nachklärbecken werden die Bakterien abgefischt und der allerletzte Schmutz fällt zu Boden. Schmutz und Schlamm werden in Faultürmen gelagert und später zu Biogas verarbeitet.
Das saubere Wasser fließt wieder in die Bäche und Flüsse zurück.

▶ Lies den Text genau und beschrifte die Zeichnung auf Seite 17:
Belebungsbecken, Faulturm, Sandfang, Nachklärbecken, Rechen, Vorklärbecken.

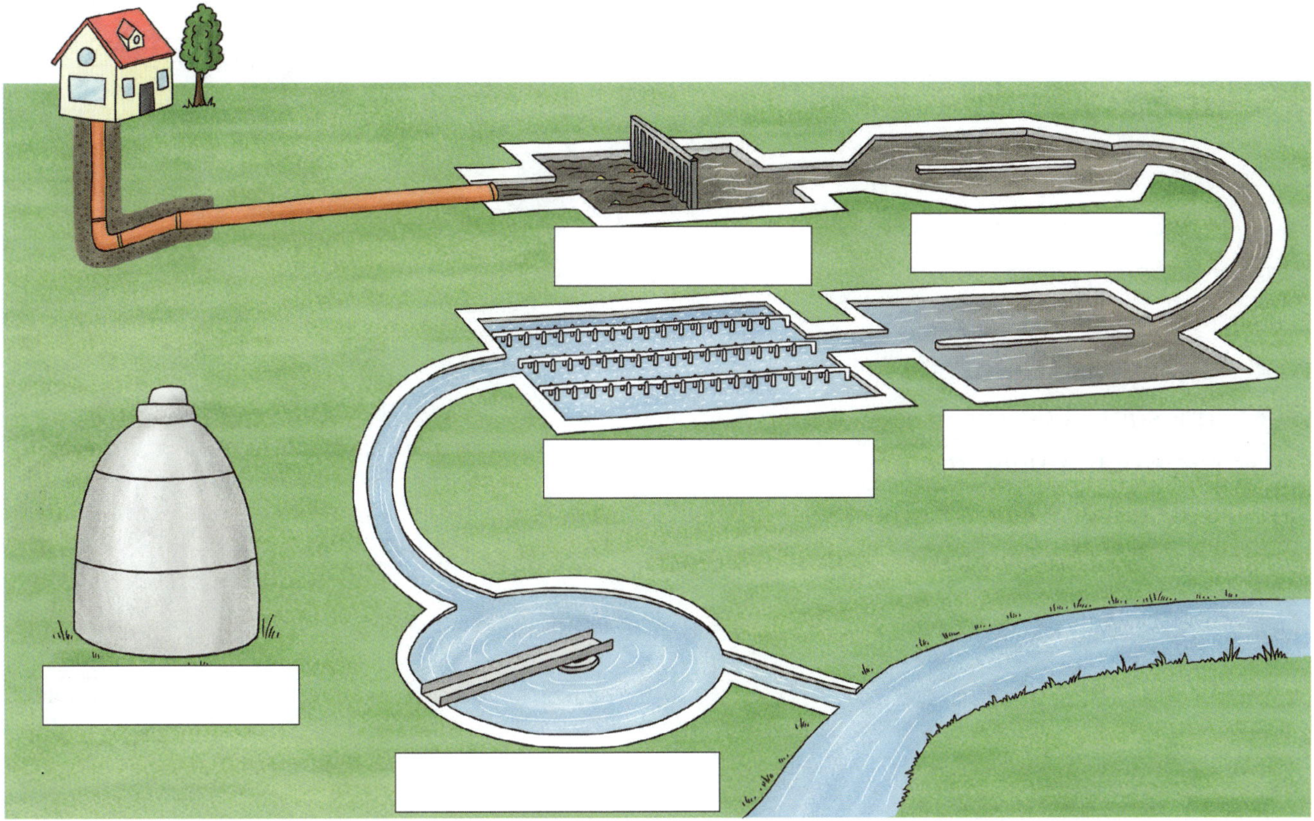

▶ Führe den Versuch durch.
Mische oder löse noch andere Stoffe.

Mischen und Lösen

Du brauchst:
Wasser, 1 Glas, Tinte, Salz, Salatöl,
Wasser, Pipette, Löffel
So wird es gemacht:
Fülle das Glas zur Hälfte mit Wasser.
Gieße langsam Öl dazu.
Gib einige Tropfen Tinte darauf.
Nun gib löffelweise Salz dazu.
Was passiert? Schreibe es auf.

▶ Führe den Versuch durch.
Teste noch andere Materialien.

Schwimmen und Sinken

Du brauchst:
Wasser, Schale, 2 gleich große Stück Knete
So wird es gemacht:
Fülle die Schale mit Wasser. Forme aus dem einen Stück Knete eine Kugel.
Halte sie über das Wasser und lasse sie los.
Was passiert mit der Kugel?
Forme nun aus dem anderen Stück Knete eine kleine Schale.
Führe jetzt den Versuch nochmal aus.
Was passiert? Schreibe es auf.

Früher glaubten die Menschen, dass die Götter das Wetter machen. Heute wissen wir, dass die Sonne, die Luft und das Wasser das Wetter beeinflussen. Meteorologen beobachten und messen die unterschiedlichen Erscheinungen des Wetters. Aber auch im Weltraum beobachten Satelliten das Wetter und senden die Bilder zur Erde. Wir erfahren durch die Medien, wie Radio, Fernsehen, Zeitungen und auch über Wetter-Apps auf Handys, wie das Wetter wird. Für viele Berufe sind diese Wettervorhersagen sehr wichtig.

▶ Lies den Text und unterstreiche:

grün: Was glaubten die Menschen früher?
blau: Wer beeinflusst das Wetter?
orange: Was tun Meteorologen?
braun: Was tun Satelliten?
gelb: Wie erfahren wir Wettervorhersagen?

▶ Welche 10 Wetterwörter findest du im Suchsel? Schreibe sie auf.

R	E	G	E	N	D	T	N	Y	S	T	H
G	P	Ü	W	C	H	A	M	O	C	Q	A
S	T	U	R	M	P	U	O	E	H	L	G
E	N	D	O	W	O	L	K	E	N	R	E
D	O	N	N	E	R	F	X	I	E	B	L
V	R	E	G	E	N	B	O	G	E	N	X
H	J	O	W	L	E	M	B	L	I	T	Z
M	G	E	W	I	T	T	E	R	T	U	P

▶ Kennst du diese Wettererscheinungen? Schreibe unter die Bilder.

Wenn es warm ist und Wasser über der Erde und den Gewässern verdunstet, steigen viele winzig kleine Wassertröpfchen nach oben. Am Himmel bilden sich dann Wolken. Ihr Aussehen und ihre Form können uns etwas über das Wetter sagen.

▶ Ordne Bilder und Texte zu.

Federwolken ziehen schnell am Himmel vorbei. Es bleibt meist nicht lange schön. Das Wetter wird trübe. Es fängt an zu regnen.

Schichtwolken bestehen aus verschiedenen Lagen und bilden eine dunkle Wolkendecke. Es regnet bald.

Früher beobachteten besonders die Bauern das Wetter. Das war für ihre Arbeit wichtig. So entstanden Bauernregeln.

Haufenwolken sind weiß und kugelförmig. Sie verändern oft ihre Form. Man kann sie bei schönem Wetter beobachten. Es bleibt auch die nächsten Tage schön.

Schäfchenwolken sind kleine Wolken. Sie hängen meist eng aneinander und kündigen oft ein Gewitter an. Es regnet bald.

Die Wolken werden mit der Zeit so schwer, dass die Wassertropfen als Niederschlag zur Erde fallen. Es gibt unterschiedliche Niederschläge.

▶ Kennst du die Niederschläge? Schreibe auf und kontrolliere mit der Tabelle.

Viele winzige Wassertropfen verbinden sich zu großen Tropfen und fallen zur Erde.

___	___	___	___	___
13	7	4	7	5

Wasserdampf verwandelt sich über dem Erdboden zu winzigen Wassertröpfchen und steht dann in der Luft.

___	___	___	___	___
5	7	6	7	8

Schneekristalle ballen sich zusammen und bilden kleine raue Kügelchen.

___	___	___	___	___	___	___
4	13	3	11	15	7	8

Wassertropfen gefrieren und bilden auf der Erde, auf Pflanzen und Gegenständen eine dünne Eisschicht.

___	___	___	___
13	7	10	12

Wassertropfen gefrieren zu Eiskristallen und fallen zur Erde.

___	___	___	___	___	___
2	14	1	5	7	7

Wassertropfen gefrieren zu Eiskörnern und fallen zur Erde.

___	___	___	___	___
1	3	4	7	8

1	2	3	4	5	6	7	8	9	10	11	12	13	14	15
H	S	A	G	N	B	E	L	T	I	U	F	R	C	P

Besonders im Sommer kommt es vor, dass sich der Himmel verdunkelt, schwarze Wolken heranziehen und der Wind stärker wird.
Die Luft hat sich erwärmt, es entsteht eine elektrische Spannung und Blitze entladen sich.
Eine Druckwelle bewegt sich ganz schnell und bildet das Donnergeräusch.
In Gebäuden ist man vor Gewittern sicher. Viele Häuser haben einen Blitzableiter. Dieser leitet den Blitz in die Erde.
Im Auto oder Zug ist man auch geschützt, da das Metall den Blitz ableitet.
Im Freibad oder in Gewässern bei Gewitter zu baden, ist sehr gefährlich.
Wasser leitet die elektrische Spannung.
Wenn man unterwegs im Wald oder auf dem Feld von einem Gewitter überrascht wird, darf man sich nicht unter Bäume stellen. Auf einer freien Fläche muss man sich hinhocken und die Beine eng aneinanderstellen. So wartet man das Gewitter ab.

▶ Lies den Text und kreuze auf Seite 29 an.

	richtig	falsch
Besonders im Winter gibt es häufig Gewitter.		
Bei einem Gewitter entstehen elektrische Spannungen und Blitze entladen sich.		
Eine Druckwelle bildet das Donnergeräusch.		
In Gebäuden ist man bei Gewitter nicht sicher.		
Alle Häuser haben einen Blitzableiter.		
Züge und Autos leiten Blitze ab.		
Man darf nicht im Freibad bei Gewitter baden.		

▶ Wie verhältst du dich im Freien bei Gewitter richtig? Erkläre.

Wenn es aufhört zu regnen, schweben viele winzig kleine Wassertröpfchen in der Luft. Kommt dann die Sonne hervor, kann ein Regenbogen entstehen.

▶ Male einen Regenbogen. Er hat sechs Farben.

Löse das Sudoku.

Manchmal fällt der Niederschlag auch als Schnee aus den Wolken.
Schneeflocken bestehen aus Eiskristallen. Sie entstehen in den Wolken. Bei einer Temperatur um oder unter 0 Grad Celsius gefrieren die Wassertröpfchen der Wolken zu Schneekristallen. Wenn diese groß und schwer sind, fallen sie als sechseckige Sterne vom Himmel. Auf ihrem Weg zur Erde treffen die Eiskristalle aufeinander und verbinden sich. So werden aus den Eiskristallen unterschiedlich große Schneeflocken.

▶ Lies den Text und unterstreiche:

grün: Woraus bestehen Schneeflocken?
blau: Bei welcher Temperatur entstehen Schneekristalle?
orange: Wie sehen die Eiskristalle aus?
braun: Wie entstehen unterschiedlich große Schneeflocken?

▶ Lies den Lückentext über den Nebel und setze die Wörter ein: **sichtbar, undurchsichtig, feucht, oben, Morgentau, durchsichtig, Nebel, verdunstet.**

Luft ist eigentlich ____________________. Wenn die Luft aber viel Feuchtigkeit enthält und kalte Luftschichten verhindern, dass diese feuchte Luft nach ____________ steigt, dann entsteht ____________. Dieser macht die Luft ____________________. Überall ist jetzt die Feuchtigkeit spürbar. Unsere Kleidung, die Haare und die Haut werden ____________. Auch unser Atem wird jetzt ____________________. Am Boden, auf Pflanzen und im Gras sehen wir morgens die Feuchtigkeit als ____________________. Erst wenn sich am Tag die Luft erwärmt, ____________________ der Nebel.

Wind ist bewegte Luft. Die Kraft des Windes wird von den Menschen genutzt. Manchmal kann Wind aber auch großen Schaden anrichten.

▶ Schreibe auf Seite 35 einen Sachtext darüber, was Wind alles kann und wozu wir ihn nutzen. Überlege dir eine Überschrift. Du kannst dir auch zuerst Stichpunkte aufschreiben.

Für unterschiedlich starken
Wind gibt es viele Namen,
z.B. Sturm, Orkan, Taifun.

Damit man feststellen kann, woher der Wind weht, benötigt man einen Kompass. Mit dem Kompass bestimmt man die Himmelsrichtung. Das ist bei der Schifffahrt und im Flugverkehr sehr wichtig. Auf dem Kompass sieht man eine Windrose. Auf dieser sind die vier Haupthimmelsrichtungen eingetragen: **N**orden, **S**üden, **O**sten, **W**esten. Dazwischen liegen die vier Nebenhimmelsrichtungen: **N**ord**o**sten, **N**ord**w**esten, **S**üd**o**sten, **S**üd**w**esten.

▶ Unterstreiche die Haupthimmelsrichtungen rot, die Nebenhimmelsrichtungen grün.

So wird ein Kompass eingenordet.

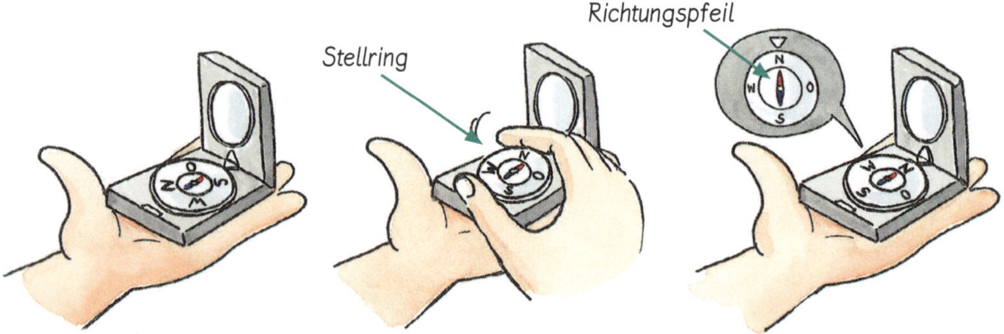

▶ Beschrifte die Windrose.

N ______

______ ______

W ______ O ______

______ ______

S ______

Auf Kirchtürmen hast du sicher schon so einen Wetterhahn gesehen. Er zeigt an, woher der Wind weht. Der Wetterhahn dreht sich mit dem Wind. Sein Kopf zeigt immer in die Richtung, aus der der Wind weht.

▶ Ergänze den Lückentext.

Wind, der aus Süden weht, heißt Südwind. Wind, der aus Westen weht, heißt ____________________. Wind, der aus ____________________ weht, heißt Nordwind. Wind, der aus ____________________ weht, heißt Ostwind. Wind, der aus Südwesten weht, heißt ____________________. Wind, der aus ____________________ weht, heißt Nordostwind. Wind, der aus ____________________ weht, heißt Südostwind. Wind, der aus Nordwesten weht, heißt ____________________.

Nicht nur die Bestimmung der Windrichtung ist wichtig, sondern auch die der Windstärke.

▶ Immer zwei Satzteile gehören zusammen. Übermale sie mit der gleichen Farbe.

Windstille bedeutet,	verwüstet die Natur und die Gebäude.
Schwerer Sturm	werden Blätter am Baum nur ganz leicht bewegt.
Die frische Brise zeigt an,	bewegt die Äste der Bäume und pfeift um die Häuser.
Bei Sturm	der Rauch aus Schornsteinen steigt senkrecht empor.
Bei einer schwachen Brise	entwurzelt Bäume.
Starker Wind	dass sich an Bäumen schon größere Zweige bewegen.
Der Orkan	werden die Gartenmöbel umgeworfen und Äste brechen ab.

▶ Findest du die 10 Fehler im rechten Bild?

Was ziehe ich heute an? Wie wird das Wetter in der nächsten Woche? Diese Fragen stellen wir uns täglich. Damit wir über das Wetter informiert werden können, sammeln Meteorologen auf der ganzen Welt Daten und erstellen Wettervorhersagen. Täglich beobachten sie die Temperaturen, die Wolkenbildung, messen die Niederschlagsmengen und stellen fest, aus welcher Richtung der Wind kommt und wie stark er ist. Die Beobachtungen werden in Computern gespeichert und dann können Wetterkarten gezeichnet werden.

▶ Wie informierst du dich über das Wetter? Schreibe auf.

Aus der Wetterkarte kannst du viele wichtige Informationen über das Wetter erfahren.

▶ Erkläre die Zeichen auf der Wetterkarte.

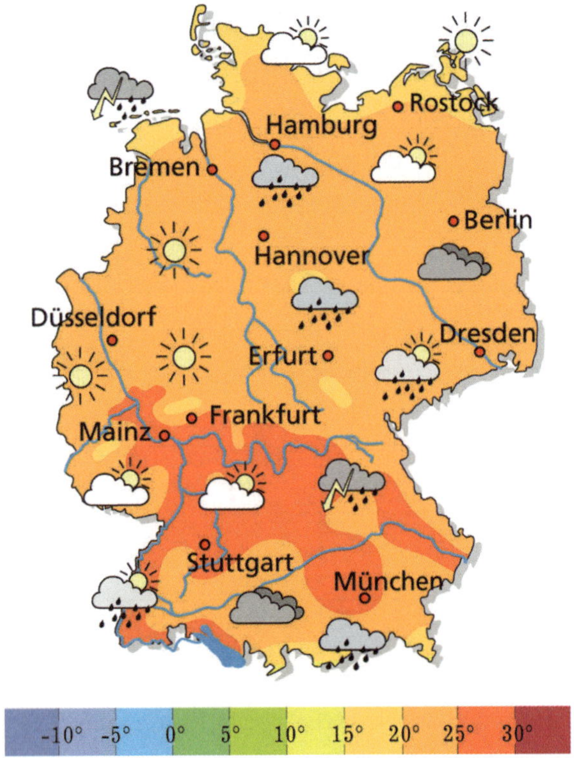

Zeichenerklärung:

____

____

____

____

____

____

▶ Schau dir die Wetterkarte an und beantworte die Fragen.

Wie warm wird es in Berlin? ______________________________

Wo wird es sonnig sein? ______________________________

Wo gibt es Regen? ______________________________

Wo gibt es die tiefste Temperatur? ______________________________

Welchen Unterschied gibt es zwischen Hamburg und München?

____

▶ Für wen sind Wettervoraussagen besonders wichtig?

____

____

____

____

Temperaturen werden mit Thermometern gemessen. Das Wort Thermometer kommt aus dem Griechischen und bedeutet Temperaturmessgerät. Die Temperatur wird mit einer Flüssigkeit gemessen. Diese dehnt sich bei Wärme aus und steigt in einem Glasröhrchen nach oben. Die Temperatur wird in Grad Celsius angegeben.

▶ Verbinde die Teile des Thermometers.

Flüssigkeit

Holzbrett

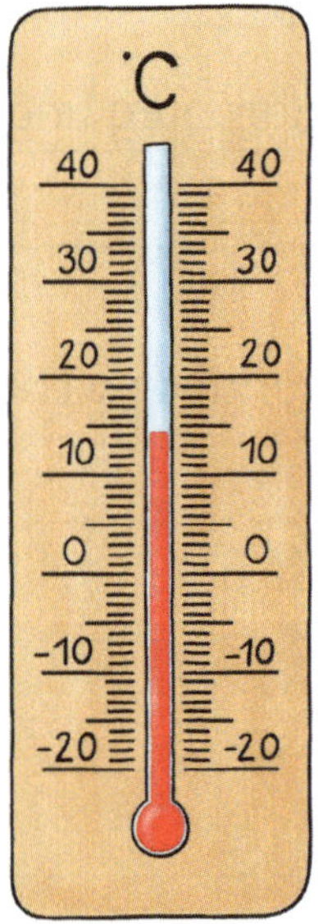

Gradeinteilung

Glasröhrchen

▶ Ordne den verschiedenen Thermometern die Namen zu: **Badethermometer, Fieberthermometer, Tiefkühlthermometer, Innenthermometer, Außenthermometer.**

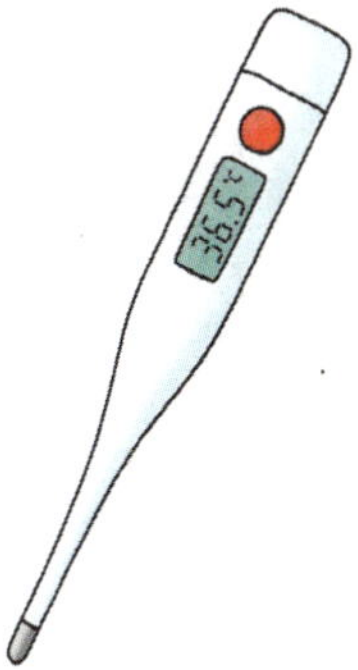

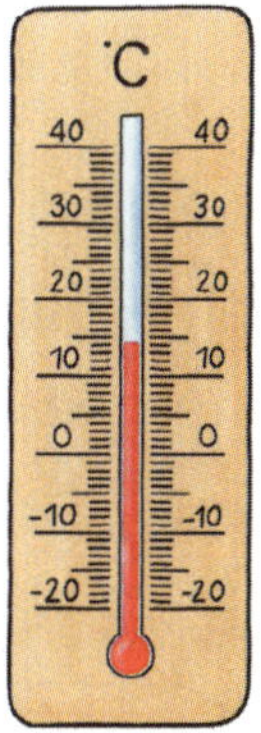

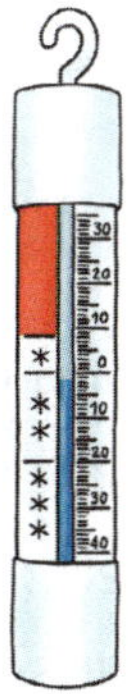

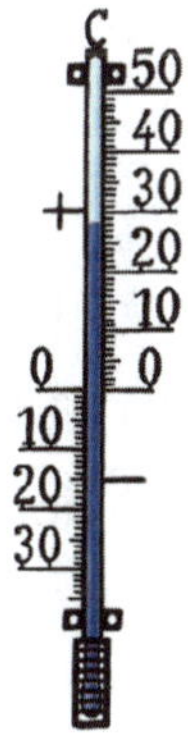

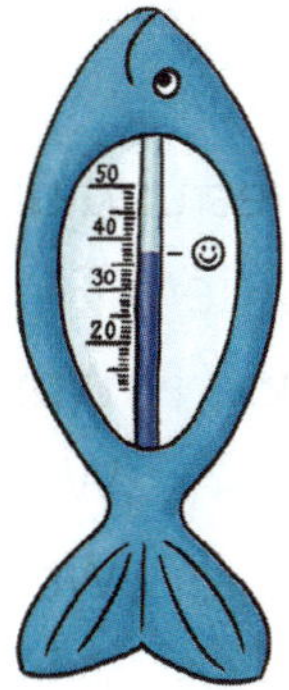

Es sind 25 °C.
Die Temperatur liegt über dem Gefrierpunkt.
Es sind Plustemperaturen.

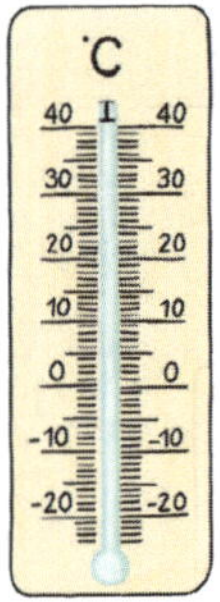

Es sind –5 °C.
Die Temperatur liegt unter dem Gefrierpunkt.
Es sind Minustemperaturen.

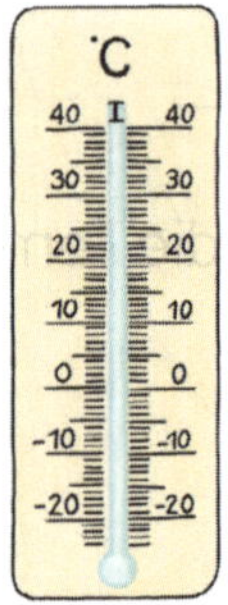

▶ Trage die Temperaturen auf den Thermometern ein.

▶ Trage die Temperaturen ein.

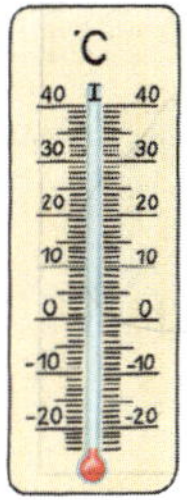

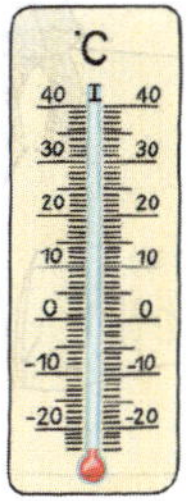

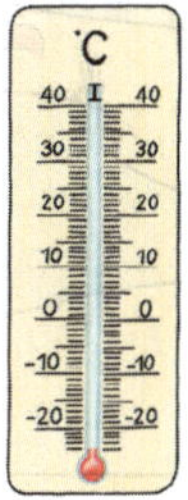

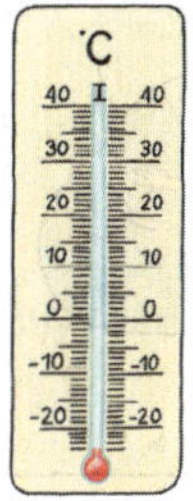

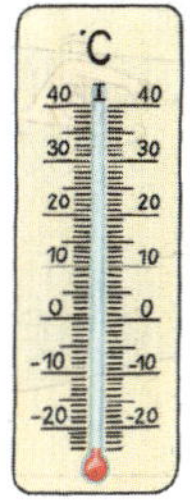

+3 °C ____ +7 °C ____ +11 °C ____ −5 °C ____ −10 °C ____

▶ Lies die Temperaturen ab.

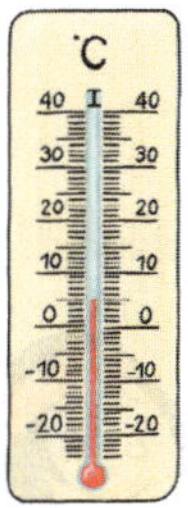

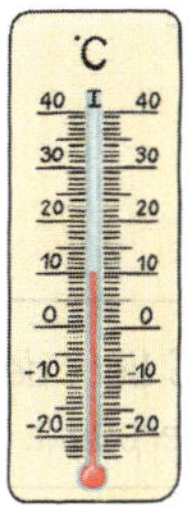

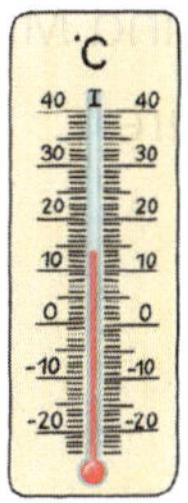

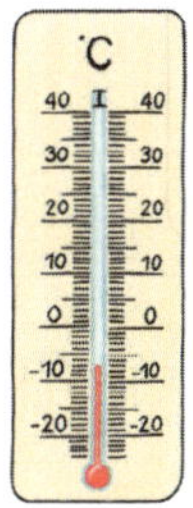

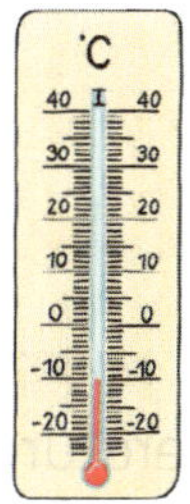

____ ____ ____ ____ ____

Du kannst auch das Wetter beobachten. Um es in eine Tabelle zu schreiben, solltest du dir Symbole überlegen.

▶ Trage die Symbole ein.

Wolken

wolkenlos	heiter	wolkig	stark bewölkt	bedeckt

Niederschlag

Regen	Schnee	Hagel	Reif

Wind

windstill	leichter Wind	mäßiger Wind	starker Wind	Sturm

▶ Beobachte das Wetter eine Woche lang.
Trage in die Wettertabelle ein.

Du solltest die Temperatur immer zur gleichen Zeit ablesen.

Tag	Temperatur	Niederschlag	Wolken	Wind
Montag				
Dienstag				
Mittwoch				
Donnerstag				
Freitag				
Samstag				
Sonntag				

Bei Dunkelheit, Regen und Nebel sind Kinder im Straßenverkehr schwer zu erkennen. Deshalb ist es besonders wichtig, passende Kleidung zu tragen und Reflektoren zu nutzen.

- Schau dir das Bild genau an.
  Was fällt dir auf?

- Male die Kleidung und den Ranzen der Schulkinder so aus, dass sie bei Nebel und Dunkelheit gut zu erkennen sind.

▶ Dieses Verhalten ist wichtig, damit du im Straßenverkehr sicher unterwegs bist.
Kannst du den Satz lesen?

	A	B	C	D
1	Bei	und	Dunkelheit	Nebel
2	leuchtende	helle	ist	wichtig,
3	damit	die	Kleidung	mich
4	können.	sehen	besser	Autofahrer

A1 C1 B1 D1 C2 B2 A2 C3 D2 A3 D3 B3 D4 C4 B4 A4

Nicht immer ist das Wetter für die Menschen und die Natur günstig.
Es gibt auch Unwetter, die große Schäden anrichten können.

▶ Schau dir die Bilder genau an. Was ist passiert?

▶ Wie schützen sich die Menschen vor Naturkatastrophen? Ordne die Ziffern den Bildern zu.

1	Deich
2	Wehr
3	Staubecken
4	Schutzzaun
5	Beregnungsanlage
6	Baumarbeiten

▶ Löse das Rätsel.

1. Das wichtigste Lebensmittel ist …
2. Ein Aggregatzustand des Wassers ist …
3. Das Wasser aus dem Wasserhahn kommt aus dem …
4. In der … wird das Wasser gereinigt.
5. Wetterforscher heißen …
6. Wasser verdunstet und viele Wassertröpfchen bilden dann eine …
7. Weiße, kugelförmige Wolken heißen …
8. Wassertröpfchen gefrieren und bilden eine Eisschicht, den …
9. Eine Himmelsrichtung heißt …
10. Bewegte Luft ist …
11. Wind, der aus dem Süden weht, heißt …
12. Viele Eiskristalle verbinden sich zu …
13. Bei Gewitter darf ich im See oder Freibad nicht …
14. Er verwüstet die Natur und auch Gebäude …
15. Die Temperatur messe ich mit einem …
16. Bei 0 Grad Celsius liegt der …

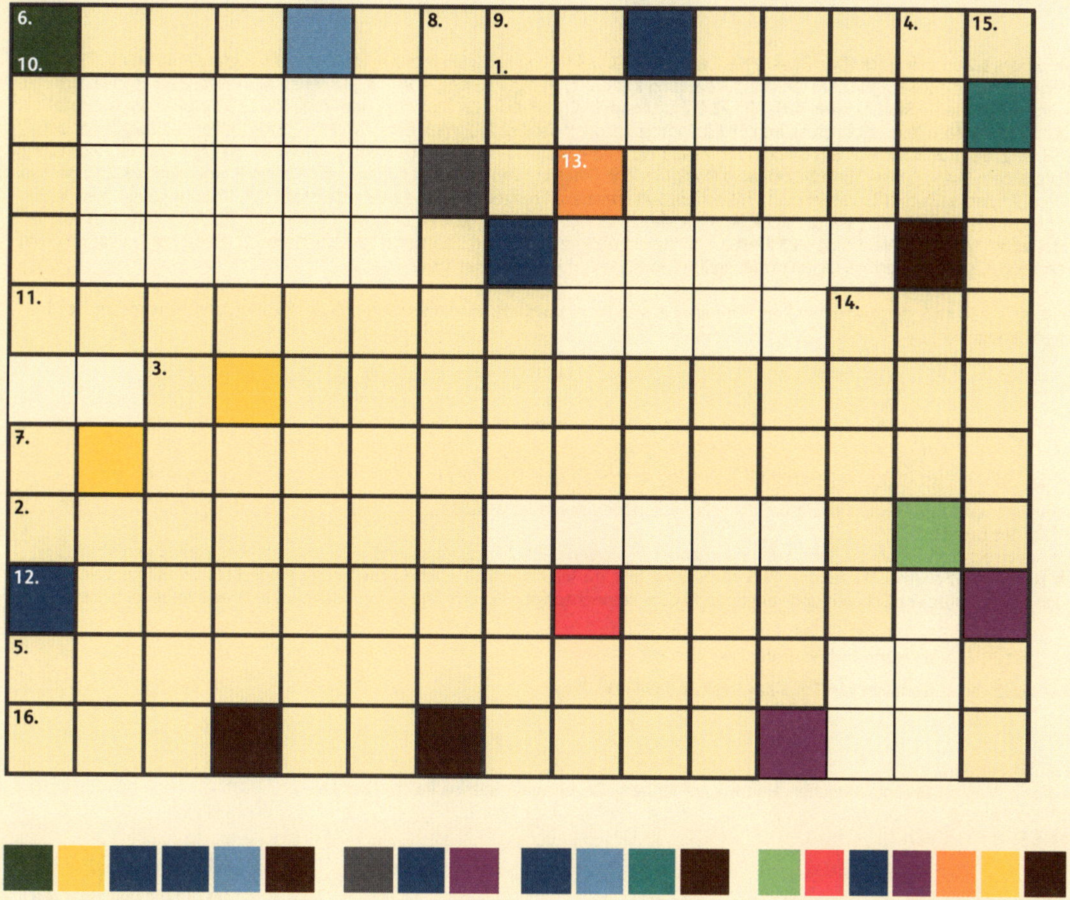
6.
8.
9.
4.
15.
10.
1.
13.
11.
14.
3.
7.
2.
12.
5.
16.

Quellennachweis

3.1 Thinkstock (IakovKalinin), München; **3.2** shutterstock (Dan Briski), New York, NY; **3.3** 123rf (Ying Feng Johansson), Nidderau; **3.4** Ingram Publishing, Tattenhall Chester; **3.5** Fotolia.com (openlens), New York; **3.6** Fotolia.com (Nuvola), New York; **22.1** Getty Images (Globe staff / Bill Greene), München; **22.2** Fotolia.com (Cécili'art), New York; **22.3** shutterstock (Minerva Studio), New York, NY; **22.4** shutterstock (Creative Travel Projects), New York, NY; **22.5** Fotolia.com (pe-foto), New York; **22.6** Fotolia.com (Mike Mareen), New York; **23.1** Fotosearch Stock Photography (Photodisc RF), Waukesha, WI; **23.2** Picture-Alliance (dpa/Oliver Berg), Frankfurt; **23.3** MEV Verlag GmbH, Augsburg; **23.4** Fotolia.com (Alexander Maier), New York; **23.5** shutterstock (fotorince), New York, NY; **23.6** shutterstock (Sergio Stakhnyk), New York, NY; **24.1** Fotolia.com (iofoto), New York; **24.2** Okapia (NAS/David R. Frazier), Frankfurt; **25.1** Fotolia.com (Kitsune), New York; **25.2** Thinkstock (digital vision), München; **36.1** PantherMedia GmbH (Rilo Naumann), München; **50.1** Franziska Frenzel, Leipzig; **52.1** shutterstock (My Good Images), New York, NY; **52.2** shutterstock (Gina Sanders), New York, NY; **52.3** shutterstock (Mykola Mazuryk), New York, NY; **52.4** Fotolia.com (Bernd Heinze), New York; **53.1** Fotolia.com (hapa7), New York; **53.2** Fotolia.com (AlexF76), New York; **53.3** Klett-Archiv (Michael Geiger, Landau), Stuttgart; **53.4** shutterstock (mingman), New York, NY; **53.5** iStockphoto (RF/Martin Hendriks), Calgary, Alberta; **53.6** juniors@wildlife (Gomersall, Hamburg), Hamburg

Sollte es in einem Einzelfall nicht gelungen sein, den korrekten Rechteinhaber ausfindig zu machen, so werden berechtigte Ansprüche selbstverständlich im Rahmen der üblichen Regelungen abgegolten.

1. Auflage 1 5 4 3 2 1 | 22 21 20 19 18

Alle Drucke dieser Auflage sind unverändert und können im Unterricht nebeneinander verwendet werden.
Die letzte Zahl bezeichnet das Jahr des Druckes.

Autorin: Beate Kurt unter Verwendung von Materialien von Tanja Kasprzak und Wilhelm Roer
Redaktion: Sigrid Voigt
Herstellung: Claudia Bachmann

Layoutkonzeption: know idea gmbh, Freiburg
Illustrationen: Anke Fröhlich, Leipzig; Mascha Greune, München; Hendrik Kranenberg, Drolshagen; Bettina Reich, Zwenkau
Umschlagillustration: Anke Fröhlich, Leipzig
Druck: Medienhaus Plump GmbH, Rheinbreitbach

Printed in Germany
ISBN 978-3-12-161064-8

9 783121 610648